JN410939

첼로 소리에 담긴 마음

박선하 시집

첼로 소리에 담긴 마음

초판 1쇄 2022년 10월 26일

지은이 박선하
발행인 김재홍
교정/교열 김혜린
마케팅 이연실
디자인 박효은 현유주

발행처 도서출판지식공감
브랜드 문학공감
등록번호 제2019-000164호
주소 서울특별시 영등포구 경인로82길 3-4 센터플러스 1117호{문래동1가}
전화 02-3141-2700
팩스 02-322-3089
홈페이지 www.bookdaum.com
이메일 jisikwon@naver.com

가격 10,000원
ISBN 979-11-5622-753-3 03810

문학공감은 도서출판 지식공감의 인문교양 단행본 브랜드입니다.

첼로 소리에 담긴 마음

박선하 시집

도서출판 문학공감

서문

만물은 가까이 다가가고 관심 기울이는 만큼 숨겨둔 내면 보여준다. 사람에서 사람으로 이어지는 사랑의 끈은 행복한 삶을 위한 고리가 된다. 자연 또한 사랑으로 다가가면, 반갑게 맞아주고 마음의 평온 안겨준다.

나무나 사람이나 천수天壽 다하면, 오는 봄 다시 맞이할 수 없음이 자연의 섭리攝理이지만, 사람과 자연은 지나온 여정 이심전심으로 전하며, 더없이 좋은 벗으로 지낼 수 있다.

지척에 가족들 있어 사랑스러운 외손녀 재롱 보며 노년의 공허함 잊고 살지만, 딸내미가 보내준 CD 한 장에 담긴 마음, 자연에 동화되어 가는 시심詩心 북돋워 줘 행복감 배가倍加 된다.

2022년 晩秋 탄천 기슭

박 선 하

차례

제1부

제2부

제3부

제 1 부

갈대밭 색소폰 연주

내 집 드나들던 한 연습장
단절의 셔터 내려
오갈 데 없는 색소폰
샘솟는 끼 누를 수 없어
늙은 개 앓는 소리 냈는데
매임 없는 한마당 공연
갈대밭 색소폰 연주 듣는 이 없어도
나풀거리는 갈대 물결
코러스 효과음 까치 환호에
메마른 탄천 가 낭만 깃들고
신명 난 듯 울려 퍼진다.

강풍 속 걸으며

한 움큼 남은 갈대마저
꺾어버릴 듯 기세 좋은 강풍
세파 인양 마주하며
불굴의 용사처럼 걸어간다

사방 어디에도 가림막 없는
황량한 탄천 둘레길
선방 인양 욕망 내려놓고
구도의 수도승처럼 걸어간다

누구도 피해 갈 수 없고
오로지 홀로 가야 하는 피안도
고난의 수행 거듭되다 보면
예사롭게 여겨질 수 있으려나?

같지 않은 시간

지나간 세월의 묶음
한순간 스쳐 간 듯해도
가슴 졸인 날의 하루
명주실 타래보다 길게 느껴짐을
오차 없이 흘러가는 시간
언제 어디서나 똑같아도
상황 따라 고무줄 같아진다
새벽녘 날갯짓한 할 일 없는
늙은 새 하루 길기만 해도
새끼들 먹이 나르는
어미 새 하루 짧기만 하다.

겨울비 내리는 아침

비 젖은 아스팔트길
자동차 불빛 자맥질하고
어둠의 커튼 걷히지 않아
초점 잃은 실루엣 그림 그려진다

겨울비로 냉수욕한 나무
치아 부딪히는 소리 나는데
온기 전하던 가로등마저 꺼지고
기약 없는 묵상의 시간 흐른다

창틀에 맺힌 물방울 같은
가슴속 이야기 부풀어 오르는
겨울비 내리는 아침
동화 속 마을 찾은 나그네 된다.

겨울의 전주곡 인양

겨울의 전주곡 인양
한기 품은 비바람 몰아쳐
잔뜩 움츠린 단풍나무
성긴 머리카락 휘날린다
짧아지는 해만큼
동장군 발걸음 가까워짐에
겨울 채비로 바쁜 자연
땅거미 져도 허리 펴지 못한다
계절의 순환 따라 반복되는
무위의 전시회 같은 듯 달라
설렘으로 맞이하고
아쉬움으로 떠나보낸다.

결혼 축시

벽돌 한장 한장
공들여 쌓은 성처럼
미약한 사랑 알알이 쌓여
강풍에도 흔들림 없는
사랑의 탑 세웠어라

물길 따라 흘러가는
인연의 강물에 한 뜸 한 뜸
바느질하듯 한 사랑
굳건한 오작교 놓아
결실의 열매 영글었어라

두 마음 하나 된
사랑 가득한 가정
사계절 꽃내음 그윽한
화원 가꾸듯 하면
한 쌍의 원앙도 부러워하리.

계절의 길목

장대비 젖은 한증막 거리
황달기 짙은 여름 은신처 찾는
지팡이 소리 퍼져 간다
세레나데 목메게 부르던 매미
먼 길 떠날 준비하는 공원
검푸른 수목 벗 떠남에
허수아비처럼 넋 놓고 있다
고양이 걸음으로 다가왔다
바람처럼 스쳐 가는 계절
보내고 맞이함 반복되어도
여운의 그림자 드리워짐을.

계절풍 민심

끝 모를 터널 속 서광 깃들어
박제되어 가던 움츠린 새
떠오르는 붉은 해 속으로
솟구쳐 오르는 힘찬 날갯짓

암흑의 블랙홀 빨려들어
숨소리마저 낮춘 소시민들
활화산 같은 분노 터져 나와
무너져 내린 독단의 장벽

일상에 매몰되어 숨겨진 민심
철 따라 바뀌는 계절풍 같아
보석처럼 소중히 여기지 않으면
매몰차게 떠나는 길손 같으리.

괜히 눈시울만 붉어지리

흐르는 물에 떠내려가고
거센 바람결에 실려 가
윤곽마저 가물거리는 아쉬움
먹구름 속 햇살처럼 고개 내밀어도

달님에게 손 모아 기원하고
꿈길에도 간간이 찾아와
기적처럼 여운 남긴 간절함
낙엽 속 묻혀 흔적 사라졌어도

새벽녘 어스름 밟고 찾아오는
눈 부신 햇살 같은 기회
지금 옷소매 부여잡지 않으면
시위 떠난 화살 같으리

흰 눈 쌓인 들녘에 서서
미루어 못한 바람 아쉬워한들
괜히 눈시울만 붉어지리.

구도의 가로수처럼

여명의 거리 기지개 켜고 잔뜩 움츠린 행인 몇몇 걸어가는 안개 드리워진 플라타너스 가로수길, 겨울 나그네 찾아와 메마른 낙엽 흩어져 보도 위 쌓인다. 늘 그 자리 지키는 가로수, 폭풍우 치던 여름밤 잔가지 부러지던 아픔, 가을비 내려 단풍 옷 적신 슬픔, 모두 다 바람결에 날려 보내고 성큼 다가선 겨울 채비로 짧은 겨울날을 긴 여름날처럼 보낸다. 버시않아, 무거운 짐 내려놓은 앙상한 가로수, 머리에 흰 눈 이고 묵언의 동안거 들면 온기 가신 거리 황량한 바람 소리만 가득하리. 구도의 가로수처럼 마주하는 겨울 부질없는 번뇌 내려놓고 사색의 오솔길 걸어감이 무위의 삶 아닐는지?

구름 꽃 피어난 하늘

때 이른 흰 눈 내린 듯
구름 꽃 피어난 푸른 하늘
금방이라도 숨은 아이들
해맑은 웃음소리 들릴 듯하다
차양 드리운 구름 사이로
쏟아져 내리는 나긋한 햇살
기세 좋은 젊은 나무들
우쭐대며 춤추게 한다
“목신의 오후” 몽롱한 선율
고양이 졸음 불러오면
흰 구름 솜이불 삼아
무욕의 꿈길 찾아간다.

구명줄 일자리마저

떼쓰는 아이 사탕 달램
그릇된 버릇 고치지 못하듯
곤두박질 일자리 땜질 처방
변죽만 울리다 물거품 되리

알맹이 없는 설교
감동 불러일으키지 못하듯
돌다리 두드리지 못한 즉흥 정책
가장자리 맴돌다 혼란만 부추기리

화산처럼 터져 나오는 분노
가족을 위해 마스크 속 감추고
힘겨운 날 참고 견디는 소시민들
구명줄 일자리마저 끊어진다면…….

구세군 자선냄비

눈에 익은 구세군 자선냄비
된서리 만난 듯 모습 감춰
발 닿는 곳 어디에도 보이지 않네
사각지대 놓인 이들
내민 손 간절함 담겼어도
한 가닥 구명줄 온정의 손길 끊겨
혹독한 겨울 어이 넘길는지
촘촘한 올가미 조여와
달팽이 껍데기 속 칩거하여
인적 뜸한 황량한 거리
구세군 종소리마저 울리지 않아
세한도 속 쓸쓸함 마주함을.

그랬던 것처럼

이정표 없는 수만 리 대장정
해마다 반복되는 고행길이지만
조상새 늘 그러하였듯이
하늘길 따라 철새 떼 줄지어 날아간다

드넓은 대양 누비고 다녀도
아득한 고향 잊을 수 없어
내비게이션 없어도 늘 다닌 길처럼
물길 따라 연어 떼 거슬러 올라간다

굴곡진 삶의 여정 길목마다
숱한 난관 이어져 주저앉고 싶어도
선대에서 그랬던 것처럼
인류 따라 너와 나 묵묵히 걸어간다.

그림자극 보듯

성에 낀 창밖 저편
농도 옅은 수묵화 한 폭 걸려 있다
운무에 쌓인 풍경
그림자극 보듯 은은하다

면사포 속 가려진 얼굴처럼
원래 모습 감춘 대모산 자락
물기 머금어 운치 더한다

가슴속으로 내린 비
음악처럼 젖어 들어
메마른 감정 샘물 솟듯 하다

분별없이 내리는 비
반기는 이 없어도
빗소리에 배어나는 서정
외면할 수 없어라.

기다려온 만큼

기울어진 일상 굼벵이 걸음으로
원래 모습 찾아간다

끝날 것 같지 않은 터널
출구 보이기 시작한다
그 끝은 알 수 없지만

겹겹이 둘러싼 단절의 벽
실금 가는 소리 들린다
귀 기울여야 들리지만

황달기 짙은 한산한 거리
오가는 행인들 모여든다
자세히 보아야 하지만

황폐해진 삶의 현장 기다려온 만큼
무지갯빛 희망 가득하였으면.

기다림

소소한 일상의 기다림
습관처럼 예사롭게 받아들이지만
간절함 담긴 기다림
가슴 아리는 아픔 따른다
삶의 여정 길목마다 도사린
장애물 넘고 바람 이룸
어느 때도 쉬운 것 없음을
못내 이루지 못한 바람
지층처럼 응어리 쌓여가도
등댓불 같은 기다림의 바람
저버릴 수 없어라.

기투企投 속 존재

생의 과녁 지향한 화살
관심 가는 곳 어디든지 날아가
점찍듯 무수한 자취 남긴다

생의 기투 속 던져진 존재
끊임없는 선택의 책임
오롯이 내 몫인 양 여기고
알을 깨고 나오는 아픔 껴안음을

생의 허무 온몸으로 받아들이며
초월 향한 날갯짓해 봐도
잠시 피어오르는 물안개일 뿐
시시포스의 고행 벗어날 길 없어라.

긴 겨울

바람 거센 긴 겨울
머릿속 운무 드리운듯하여
게딱지 잡념 얽히고설켰다면
참선의 시간 가져봄이

눈 내리는 긴 겨울
마음속 탐욕의 쓰레기 쌓여
비둘기 날지 못한다면
발목 시리도록 눈길 걷고 걸어봄이

명주실 타래 같은 긴 겨울
수북이 쌓인 낙엽 쓸듯
눌어붙은 욕심 덩이 비우는
수행의 날들 보내봄이.

깨달음보다 행함

타는 목마름에도
하안거 든 스님
산문 밖 나올 때 알 수 없어도
무념의 강에 노 젓는 뱃사공
길손 실어 나르느라 해지는 줄 몰라라

법당에 앉아
염불하는 스님
자리 털고 일어날 때 알 수 없어도
무상의 밭에 농사짓는 농사꾼
물주고 김매느라 하루해 짧아라

무념무상도
가부좌 튼 엉덩이보다
부지런한 팔다리에 달렸음을.

꽃들의 릴레이 같은 여로

빗장 걸어 잠그고
묵상에 젖었던 산야
꽃들의 무도회 열린다
산골 꽃처녀 복수초, 진달래, 산수유, 복사꽃
산자락 이어달리기하면
들녘 숫처녀 매화, 개나리, 목련, 벚꽃
시샘하여 잰걸음 걷는다
엊그제 화사하던 둘레길
어느새 연초록 잎새 하늘거린다
꽃들의 릴레이 같은 여로
어제 본 것 오늘 자취 없기에
그때그때 누리지 못하면 덧없음을.

꽃보다 아름다운 신록

연초록 양탄자 깔아놓은 듯
포근히 안겨 오는 신록의 공원
무심코 바라만 보아도
초가집 툇마루 앉은 듯

늦둥이 잎새 피운 버즘나무
늘어선 가로수길 한 귀퉁이에도
연초록 향연 펼쳐지고
거리 가득 봄의 찬양 소리

꽃보다 아름다운 신록의 달
발길 닿는 어느 곳도
수채화 한 폭 아닌 곳 없건만
4월은 "잔인한 달"이라 하는지.

꿈길 같은 풍류

솜털 같은 햇살 내리쬐는
초록 물감 뿌려놓은 페어웨이
바라만 봐도 묵은 권태
뒷걸음쳐 사라져라

엉겅퀴처럼 질긴 장마
물러간 하늘 해맑은 웃음 짓고
청량한 바람 얼굴 간지럽히는
산수화 속 이상향

포물선 그리며 날아가는 공
막힌 가슴속 뚫어주고
홀 향해 굴러가는 공
안도와 아쉬움 쌍곡선 그려라

오가며 쌓였던 정담 나누고
막걸리 한잔에 복사꽃 피어나는
망중한의 꿈길 같은 풍류
왕인들 이같이 즐거울 수 있으랴?

나는 걷는다

저물녘 동네 골목길
인정 묻어나서 걷는다
석양이지는 탄천 둘레길
자연에 동화되어서 걷는다
사는 곳 달라지면
걷는 길도 바뀌지만
산길은 산길대로
둘레길은 둘레길대로
골목길은 골목길대로 좋다
걷는 만큼 내 몸이 웃음 짓고
심장의 박동 소리 발맞춰
활력이 샘솟는다.

낙엽 쌓인 산책길

찾아오는 산책객
차별 없이 맞이하여
몽돌처럼 닳은 오솔길 쌓인 낙엽
헐벗은 나무 솜이불 되어준다

계절 따라 모습 다른 산책길
어느 한 날도 쉼 없어도
인고의 아픔 가슴속 갈무리하고
반석처럼 단단해져 간다

낙엽 바스러진 비탈길
앞서가는 할머니 몇 걸음 뒤
거북 걸음 걷는 할아버지
오는 해에는 할머니 앞서갔으면.

내가 서 있는 자리

내가 서 있는 자리
깨달음의 도장道場이요
환희의 찬가 울려 퍼지는
꿈속 이상향이어라
야반夜半 삼경三更에 문빗장을 만져본들
뜬 세상 덧없는 인연일진데
정든 사람과 함께하는
눈 뜬 날들이 극락 아니겠느냐?
마음 따라 오가는 정
길고 짧고 짙고 옅음 있어도
손톱에 낀 가시처럼 아려와
한편 시로 인연의 끈 이어간다.

내게서 우리로

사랑의 온기
내게서 우리로 퍼져나가
살얼음 낀 냉방
군불 지핀 듯하였으면

사랑의 손길
내게서 우리로 전해져
벼랑 끝 내몰린 이들
희망의 끈 이어주었으면

사랑의 코러스
내게서 우리로 울려 퍼져
숨죽여 엎드린 소시민들
목청 높여 노래 부를 수 있었으면.

내면의 향기

수면으로 흐르는 물
잦은 풍랑 일어도
심연으로 흘러가는 물
미동조차 없듯
꾸민 겉모습 화려해 보여도
꾸밈없는 내면의 모습
더욱 향기로움을.

너른 들녘 같은 평온

샛문 열고 마실 나온 미망迷妄
까치발 걸어 대문 밖 나서려다
주장자拄杖子 소리에 화들짝 놀라
원래 자리 기어든다

아지랑이 잠시 피어오른 자리
무색의 일상 똬리 틀고
너른 들녘 같은 평온 깃들어
비둘기 찾아와 노닌다

마음의 강에 쳐놓은 투망
물고기 몇 마리 잡혀
저녁상 매운탕 거리로
더는 바랄 바 없어라.

노을 물들며

화살나무 붉게 물들고 금계국 하늘거리는 둘레길 아직도 늦가을 정취 느껴지는데, 때 이른 한파 찾아와 백발 휘날리는 앙상한 갈대 이웃 주민들에게 겨울 채비 독려하느라 분주하다. 어둠의 장막 드리워진 발길 뜸한 둘레길 서편 하늘, 신의 불장난인지 화염에 휩싸이고 장대한 노을 그림 펼쳐져 있다. 예사롭게 바라본 노을 가슴속 와닿음은 황혼의 내 모습 노을 닮아 감정이입 되었음이려는가? 노을처럼 아름다운 황혼이라면 젊음도 부럽지 않으니 노을빛에 붉게 물들며 남은 여정 사뿐히 걸어가리.

노을빛 그림

한낮의 해
눈부셔 바라볼 수 없어도
지는 해
찬란하여 넋 놓고 바라본다.

노을빛 서녘 하늘
혼신 다한 그림 꿈꾸듯 한데
붉은 해 산 그림자 속
묻혀간들 여한 있으랴?

농익은 술 향기 그윽하여

둥지 속 잠자리 들면
육신은 솜사탕처럼 녹아들고
다시 못 올 하루는 뒷걸음치며
찢어진 달력 저편으로 사라진다

해 뜨면 눈 뜨고
달 뜨면 눈 감는 날들
강물처럼 흐르고 흘러
아이가 아비 되고 할아비 되었어라

고랑 진 얼굴에 흰 눈 내린
겨울 풍경 그려졌어도
농익은 술 향기 그윽하여
눈 뜨는 날들 명주실 타래 같았으면.

느린 일상의 자유로움

굼벵이 시간 흘러가는
녹음 드리워진 공원 벤치 앉으면
푸른 젊음 솟구치는 나무들
무심코 바라봐도 생기 돋고

터 잡은 자리 넘보지 않으며
생긴 그대로 공들여 가꾼
조화로운 한 폭 공원 그림
번뇌의 거미줄 걷어내고

산들바람 타고 날아든 나비
고운 님 맞이하듯 반기는
햇살 좋은 아침 녘 공원에
퍼져가는 느린 일상의 자유로움.

단비 내리는 봄날

솟구치는 새싹들의 아우성
하늘에 닿아 단비 내리는 봄날
노송나무 오솔길 거니는 듯

묵언의 수행승 벚나무
자리 털고 산문 밖 걸이 나와
고개 내민 햇순 돌보느라
짧은 봄날을 긴 여름처럼 보낸다

겨우내 어두운 색조 거리
단비로 땟국 씻겨가고
행인들 파스텔컬러 옷차림에
봄날의 몽환 전해짐을.

도심 공원의 분수대

꼬리 긴 붉은 해
서산 넘어가며 노을 그림 그리는데
쇳물 끓는 듯한 열기
고개 숙일 줄 몰라라

중력의 법칙 거슬리며
솟구쳐 오른 물줄기
포물선 그리며 떨어지는 분수
물보라 속 무지개 피어오르고

부챗살처럼 퍼져가는 물방울
더위 지친 나무 생기 돋워주고
계곡 찾은 듯 물소리 청량하여
한낮 무더위 새삼스러워

도심 공원의 분수대
꽉 막힌 카페 앉았기보다
저물녘 평온 찾아들어
더없이 좋은 영혼의 쉼터임을.

돌아선 기후

무엇이
착한 기후 마음 상해
분노 솟구치게 하였는지

노기 서린 해
잠시 쉬어감도 잊은 듯
프레스티시모 템포로
연신 불화살 쏘아댄다

열대야로 잠 못 드는
근심 깊은 소시민
번데기 주름 늘어가도
화기 품은 대지 식을 줄 모른다

돌아선 기후 어떻게 달래나?

동지 팥죽

동짓날 긴긴밤
노총각 호랑이 장가가는 날
담장 밖 시샘 많은 악귀
팥죽 뿌려 물리친다

팥죽 속 새알
숨은 그림 찾듯 뒤적이며
새알 하나에 한 살
새알 둘에 두 살
……
내 나이 채우려면
한 냄비도 모자라려나

팥죽 속 담긴 아내 정성에
묵은 앙금 걷혀가고
박 같은 소담스러운 복
덩굴 채 굴러왔으면.

동튼 뒤 거리

어둠의 잔영 가시지 않은
동튼 뒤 거리 자동차 행렬 이어지고
조급한 발걸음 소리 커지면
게으른 대지 기지개 켠다

묵언의 파수꾼
가로등 불빛 옅어지고
동녘 하늘 붉게 물들면
일상은 궤도 따라 노 저어간다

먼저 간 춘분 손짓해도
동면 든 가로수 깨어날 기색 없지만
온기 품은 햇살 간지럼에
꽃망울 터트릴 날 멀지 않으리.

둘레길 선방 삼아

앞서간 선각자 그림자 따라
둘레길 선방 삼아 마음의 얼룩 지워간다

하늘 닮은 삶의 여정
아침나절 푸른 하늘
먹구름 끼고, 비 오고, 눈 내리듯
경극 속 가면 같다

칠정의 춤판 벌어진 길목마다
아로새겨진 삶의 회한
추수 끝난 들녘 찾아온 바람처럼
휑한 여운 남기며 사라진다

지난 애환 흰 눈 속에 묻혀가고
남은 날들 아린 자국 없기를
눈 쌓인 둘레길에 염원 새긴다.

뒤창 속 성당

외손녀 방 뒤창에는
액자처럼 성당 전경 걸려 있다
붉은 채색 동네 성당
신의 가호加護 와 닿지 않았으나
뒤창 속 성당에는 주님 계셔
외손녀 굽이보시는 듯
눈길 가지 않던 십자가
주님의 고난 느껴짐은
한량없는 은총 외손녀에게
비처럼 내려주길 바람인가?

등신불 의자여!

늘 그 자리 지키며
풀 죽은 심신 보듬어주는
자연 같은 오랜 친구
묵언의 편안함 전해진다

너와 함께 해온 시간
밤하늘별 같아도
투정 부리지 않은 동행
한결같은 심지 느껴진다

인고의 날들 속으로 삭이다가
산산이 부서져 흩어져도
혼신 다해 온몸 불사르는
등신불 의자여!

등짐 벗은 길손

천의 얼굴 날씨 종잡을 수 없어도
절기 따라 정해진 모습 보이듯
시공을 넘나드는 생각 변덕스러워도
터 잡은 마음자리 잔물결 일렁일 뿐

폭풍우 치는 바다 잠들 날 없어도
수평선 너머 노을 그림 보여주듯
분별없는 탐욕 소용돌이 거세도
등짐 벗은 길손 발걸음 가벼워라

들끓는 세상 벌집 쑤신듯해도
역사의 물줄기 도도히 흐르듯
인생살이 희로애락 이어져도
오가는 인연 따라 묵묵히 살아간다.

땀 흘린 만큼

뜨거운 햇살과 장맛비에
온 산 녹음 더욱 짙어지고
농부의 이마 맺힌 땀방울만큼
들녘 나락 누렇게 익어간다

한낮의 무더위 누그러지는
해 질 무렵 숲길 산책
햇빛 들지 않아도 습기 차
땀으로 멱감은 듯

멈출 수 없는 삶의 현장
무더위로 기력 떨어지련만
여느 때와 마찬가지로
일상은 바쁜 걸음 걸어라

한줄기 찬물 샤워
더위 지친 심신 생기 돋워주고
땀 흘린 만큼 자연에
동화되어 가는 기쁨 따름을.

또 한해 감에

지나간 것은 지나간 대로
물 흐르듯 흘려보내고
다가오는 것은 다가오는 대로
임 보듯 맞이하며
가는 길 그대로 가면 되는데
또 한해 감에
지난날 뒤돌아보게 됨을.

마로니에 길

쏟아지는 햇살 가림막
일곱 손가락 넓은 잎사귀
마로니에 터널 벤치 앉으면
비치파라솔 펼친 듯
갯내 품은 해풍 불어오고
통기타 반주 포크송 울려 퍼져
젊은 날의 낭만 되살아나고
낙엽 흩날리던 어느 날
마로니에 열매 가득 안고
함박웃음 짓던 외손녀 얼굴
클로즈업되어 다가선다
늘 그 모습 마로니에 길
젊음의 표상으로 남아
아련한 추억 되새겨 준다.

마음의 벽에 새겨진 낙서

마음의 벽에 새겨진 낙서
떠오를 때마다 지워가도
또 다른 낙서 그려지지만
세월의 이끼 덮여 감에
농도 옅어집니다
살아온 흔석 남김없이 시우번
모래바람 부는 광야에 던져져
삭막함에 몸서리칠 것 같아
마음의 벽에 새겨진 낙서
애써 지우려 않고
그냥 떠나보내렵니다.

마음자리

마음의 저울
들뜸과 소심 균형 찾아
평정심

마음의 추
움직임과 멈춤 조화 이루어
화생

마음의 터
사물과 나 하나 되어
일체

마음의 광
넉넉함과 부족 서로 나누어
상생.

막연한 내일보다 오늘

나무는
계절의 순환 따라 모습 달리해도
마주하는 삶 비켜서지 않고
무소처럼 부딪혀간다

나무는
막연한 내일을 위해
오늘 하고픈 것 참지 않는다
불청객 시린 바람 불면
한 잎마저 지킬 수 없음을 알기에

나무는
낙엽 짐을 걱정하여
기세 누그러뜨리지 않고
던져진 오늘의 삶 즐긴다.

만행

청홍전 깃발 나부끼고
함성 드높았던 대로
안식의 시간 찾아들어
파장 무렵 장터

경적마저 들리지 않는
절집 같은 밤거리
신호등 조명 삼은
밤의 정령 퍼레이드

족쇄 풀려 활개 치다
새벽닭 우는 소리에
화들짝 놀라 달아나는
낯간지러운 만행.

말과 글의 성찬盛饌

화장한 말과 글로 엮은
이기심의 투망
지천으로 널려있다
얼굴 없는 허구 맴돌던
빈 뜰 낙엽 흩날린다
조류 같은 말과 글의 성찬
언외의 뜻 숨겨져
갈림길 서성이게 한다
속내 감춘 탐욕의 씨앗
말과 글 속 숨어들어
싹 틔우려 엿보고 있다.

제2부

말문 닫힌 할머니

노는 아이 없는 텅 빈 놀이터
벤치에 홀로 앉은 할머니
운무 깔리듯 고독감 내려앉아
담장 에워싼 듯하여라

일과처럼 드나들던 경로당
자물쇠 채워져 오갈 데 없어
지은 죄 없음에도 집 속 갇혀
말문마저 굳게 닫혀라

찬바람 사그라지지 않는 모퉁이
납작 엎드린 숨죽인 풀씨
봄볕에 야윈 손 내밀듯
할머니 닫힌 입가에 미소 번졌으면.

매화 향기 퍼진 거리

언덕배기 웅크렸던 매화
냉수욕으로 담금질하여
꽃망울 터뜨리고 향기 내뿜어
먼 길 찾아오는 봄 손님 맞이한다

시샘 많은 동장군 입춘 소식에
한겨울 되돌려 놓아도
불굴의 용사 같은 매화
그윽한 향기 퍼진 거리 미소 번진다

고고한 선비의 기품 품어
세속과 타협하지 않고
청아함 묻어나는 매화
사군자 중 으뜸이로다.

메인 듯 풀어진 듯

힘겨운 짐 내려놓은
오늘 같은 내일 이어지는
굴곡 없는 일상
달빛 비추듯 은은하여라

가진 것에 더하지 않고
주어진 만큼 누리는
인색하지 않은 생활
나락 익는 들녘 같아라

메인 듯 풀어진 듯
정해진 궤도 따라 살아가는
걸림 없는 있는 그대로 삶
너른 호수처럼 평온하여라.

멸치볶음

멸치볶음에는 옛이야기
주렁주렁 매달려있다

어린 시절
도시락 단골 메뉴 떠올리면
난롯가 모여앉은
까까머리들 클로즈업된다

땟국 낀 얼굴에 코 흘리며
장난기 넘치던 칠칠이
소맷단 닳은 저고리
교복인 양 입고 다니던
고무줄뛰기 여왕 끝순이……

이름 잊힌 얼굴들
밤하늘 별 되어 가물거린다.

목련꽃 그대로 닮아

겨울의 잔영 가시지 않은
아파트 화단 한 그루 목련
뒤틀린 가지마다 순백의 꽃 피워
단지 가득 그윽한 향기

새순 틔우려 안간힘 쓰는 벚나무
하늘거리는 목련꽃 자태에
자라목처럼 움츠러들고
남몰래 새어 나오는 한숨 소리

으스대는 목련꽃 배경 삼아
사진 포즈 취하는 외손녀
새하얀 목련꽃 그대로 닮아
천사 내려와 서 있는 듯.

묵은 숙제

힘겨운 등짐 다 내려놓고
노을 물든 남은 여정 걸어가도
질경이 같은 묵은 숙제 남아
한 가닥 근심의 고리 끊지 못하네

풍링 잠든 바다 날갯짓하는
갈매기 같은 평온한 날들 이어져도
보살펴야 할 어린 양 있어
굴레 벗은 탁발승 같을 순 없어라

앞만 보고 달려가는 시간 맞춰
부딪히는 난제들 해결해왔듯
묵은 숙제 이 또한 때 되면
바람 좋은 날 연줄 풀어지듯 하리.

묻혀 감을

시간의 지층에
퇴적된 것
젊음뿐이겠느냐?
소중한 날의 기쁨
가슴 아린 날의 슬픔
지나온 삶의 자취
고스란히 묻혀 감을.

물기 머금은 밤거리

야누스 얼굴 밤거리
굴절된 네온 불빛 너머
쉴만한 쉼터 찾아가는
지친 늦여름 한숨 소리

물기 머금은 밤거리
재즈 선율 흐르고
호젓한 오솔길 거니는 듯
휘감는 나르시스의 몽환

느슨하게 풀어진 밤거리
술 향기 그윽이 퍼져가고
보이지 않는 굴레 벗은
달 가듯 가는 매임 없는 영혼.

뭘

뭘 하였기에 뭘 해야 한다
뭘 하기에 뭘 해야 한다
뭘 하려면 뭘 해야 한다

보이지 않는 올가미일 뿐.

미풍이어라

손끝 아리는 바람 거센 둘레길
아내와 손잡고 걸어간다
눈길에 발자국 남겨지듯
함께 살아온 사십 년 세월
한편의 다큐멘터리 되어
빈 하늘에 아로새겨진다
가슴 아린 터널 거쳐 와
황혼이 깃든 길 달팽이 가듯 하다
한날도 외풍 잦을 날 없어도
꼭 잡은 손 온기 퍼지니
살에는 삭풍도 한줄기 미풍이어라.

바람願

바람은
홀로 오지 않고
두 얼굴로 다가선다.
온기 어린 바람
희망의 기다림 되지만
냉기 서린 바람
실망의 씨앗 된다.

바위

흔들어도
미동조차 하지 않는
바위

두드려도
신음 내지 않는
바위

땅속 몸 숨기고
고개만 내민
바위

억겁 세월 흘러
흙으로 돌아갈 뿐.

반추反芻

도마뱀 꼬리 자르듯 해도
시공을 넘나드는 생각
되새김질로 여념 없다
삶의 여정 짙은 흔적들
뇌 속 고스란히 담겼다가
불현듯 떠올랐다 사라진다
칠정의 잔재 반추된 마음자리
생각의 군더더기 걷어내고
앙상한 뼈대만 남았어도
무의식의 부질없는 생각
떠오르면 지워갈 수밖에.

밥 끓는 소리

햇살에 알알이 영글고
바람결에 욕심 날려 보내
백옥같이 해맑은 쌀알

과하지도 덜하지도 않은
절제의 담백함 묻어난다

자연의 풍미 가득 담겨
평생을 먹어도 물리지 않고
심신에 생기 돋워주는 밥

뽀글뽀글 밥 끓는 소리
봄의 설렘, 여름의 정열, 가을의 낭만 엉켜
맛깔나는 합창으로 커진다.

벌거벗은 야생

포크레인 지나간 탄천 가
벌거벗은 야생이 떨고 있다

원주민 떠난 철거지역에
두 눈 부릅뜨고 서 있는
터줏대감 갈대

우듬지 파헤쳐져
은신처 찾아 떠도는
노숙자 고라니

기세 좋은 양버들
큰 걸음 걸어갈 때
뒷걸음 하는 수양버들

한결같이 탄천 지키던
왜가리 어디로 가야 할지?

벌떼 떠난 아카시아

헐벗은 민둥산 옷 입혀
행색 갖추게 하고
마을 어귀마다 오월이면
짙은 향기 뿜어대던 아카시아
천민으로 낙인찍혀
부수히 살려 나가고
겨우 명맥 이어가는
산림녹화 공신 아카시아
당쟁으로 유배된 죄인처럼
풀 죽어 지내건만
세상 소식 전해주던 벌떼마저
발길 끊어져 뜨거운 햇살에도
살얼음 낀 듯 냉기 돌아라.

보도 위 비둘기

삭풍에 먼지마저 날아간
거울 같은 보도 위
비둘기 무리가 모이 쪼고 있다
눈 닦고 쳐다봐도
빵 부스러기 한 점 없는데

지나가는 사람 누구도
모이 주는 이 없고
가로수 잎새 떨군 지 오래인데
지천에 모이 널린 듯 쪼아댄다

숨어있는 모이 쪼는 건지
심심하여 시간 쪼는 건지
도무지 분간되지 않는다.

보름달 사랑 멀어졌어도

만삭의 무거운 몸
한 걸음 내딛기도 힘들지만
울음 커지는 세상 보듬어주려
휘영청 보름달 중천에 걸려있네
달집 짓고, 쥐불놀이하던
대보름 정취 잊히고
아파트촌에 가려진 밤하늘 정경
동화 속 이야기되어
보름달 사랑 멀어졌어도
서운함, 내색하지 않는 보름달
홀로 밤하늘 노 저어가며
밤길 어두운 나그네 길동무 되어준다.

보통 사람

장구한 역사의 거센 물줄기 흘러간 기슭마다 별처럼 빛나는 이름들 새겨져 세월 가도 퇴색되지 않고 흠모의 대상 되지만, 고향 땅 지키며 살아가는 민초들 이름 남기지 못해도 사람 사는 도리 지키며, 때 되면 취직하고, 결혼하고, 자식 낳아 공부시키고, 나라 사랑하며 묵묵히 주어진 길 걸어간다. 보통 사람들 역사에 흔적 남기지 못해도 숱한 국난 닥칠 때마다 온몸으로 맞서며 이 나라 지켜온 역사의 주인공이다. 밤하늘 수놓는 별 우러러봐도 지천으로 피어난 잡초 눈여겨보는 이 없듯 보통 사람들 예사롭게 보아도 역사의 도도한 물줄기 다독거리는 본류로서 쉼 없이 흘러간다.

봄날 같은 한여름

타는 목마름 하늘마음 움직여
굵은 비 밤새 내려
생기 잃은 자연 웃음 짓고

빗물로 샤워한 한증막 거리
참을 수 없는 숨 막힘 가셔
행인들 발걸음 춤추듯

물기 젖은 창밖 풍경
어느 봄날 아침 같아
한여름 무더위 새삼스러워라

짧아지는 해만큼
매미 울음소리 옅어짐에
찌는 듯한 무더위 뒷걸음치리.

봄날의 나들이

머문 듯 흐르는 듯
아지랑이 피어나는 북한강 변
백두대간 타고 온 훈풍 불어
한 점 지방마저 태운
앙상한 나뭇가지마다
꽃망울 터지는 소리
흐르는 강물 같은 부부
함께 한 봄날의 나들이
상춘객 발길 머물게 하는
낯익은 기타 연주 울려 퍼져
부풀어 오르는 봄날의 정취.

불볕

지붕 없는 보도
소금기 절인 빨래 널려있다

곡예 하는 오토바이 굉음
타는 대지 풀무질한다

쉼 없는 실외기 한숨
커피숍 살얼음 끼게 한다

은갈치 퍼덕이듯 한 불볕
풀 죽을 줄 몰라도
검푸른 근육질 수목
넉넉한 쉼터 차양 드리운다.

붓 잡는 날까지

실루엣 속 가려진 앞날
희망과 절망 교차하는
신만이 아는 미지수

미로 속 출구 찾아
이쪽저쪽 기웃거리며
발목 시리도록 걸어가야 하는 길

번번이 품은 기대 어긋났어도
오늘보다 나은 내일 기대
저버리지 않고 비 갠 뒤
무지개로 피어나길 꿈꾼다

한 뼘 삶의 여백이지만
붓 잡는 날까지 묵묵히
맞이하는 대로 채워갈 수밖에.

산타 썰매 오르지 못해

여느 겨울 풍경 같은 거리
청양고추 먹은 매운바람
온몸으로 맞서는 이들
뼛속까지 냉기 서린다
창 너머 눈 쌓인 공원
아다지오 선율처럼 안겨 와노
무료 급식소 줄 선 이들 생존의 발걸음
통한의 북소리 되어 가슴 울린다
연탄재 쌓여가는 달동네
송곳 같은 한파 표적 되어
빙판길 산타 썰매 오르지 못해
희미한 등불마저 꺼져간다.

새해 소망

누구를 만나도
어디에 있어도
무엇을 하여도
언제나 내 모습 그대로
변함없이 지금처럼 살았으면.

생각의 바다

생각의 바다에 떠다니는 배
고정된 항로 정해져 있지 않고
시공을 넘나들며
과거, 현재, 미래 항구로 오간다

변덕스러운 생각의 바다
잔잔하더니 풍랑 일어나고
청명하더니 안개 짙어져
한결같기 참으로 어려워라

회한의 그림자처럼
불확실의 기우 인양
불현듯 찾아드는 뜬 생각
생각의 바다 요동치게 함을

떠오르는 생각 어찌할 수 없지만
부질없는 뜬 생각 일지 않는
무념의 바위 닮았으면.

생멸의 순환과정

거미줄처럼 얽히고설킨 관계도
때 되면 연줄 끊어지듯 하고

그림자처럼 붙어 다니는 인연도
때 되면 바람결에 실려 가고

거울처럼 마주하는 온갖 번뇌도
때 되면 퇴색되어 사라진다

자연의 섭리 따라
모였다 흩어지고, 있다가 없어지는
생멸의 끝없는 순환과정
뉘라서 막을 수 있으랴?

생명

장맛비 그친 뒤
메마른 가지 잎새 돋은 나무
생명의 끈질김
바람결에 실려 전해진다

탄천 가 음지쪽
웅크린 들고양이 가족
생명의 강인함
풀숲 흔들림에 느껴진다

물속 발 담그고
수행 삼매경 젖은 왜가리
생명의 경건함
물결 타고 안겨 온다.

생물 같은 세상

개구쟁이 가만히 있지 못하듯
생물 같은 세상 롤러코스터 탄다

거미줄 엉킨 듯한 지구촌
먼 나라 소식 내 나라 소식 인양
광속 전해져 음영 드리운다

카오스 속 방황하는 앞날
수명 다한 가로등 불빛 같아
내딛는 걸음 살얼음판 걷는듯하다

무색의 밋밋한 일상
불협화음 사방에 가득하여
온전한 평온 깃들기 어려워라.

생의 연 하늘 공연

생의 연 펼치는 하늘 공연
연 날리는 이 없어도
바람 장단에 맞춰 춤추며
솟구쳤다 곤두박질치고
멀어졌다 가까워진다
종잡을 수 없는 바람
때로는 가슴 졸이게 하고
때로는 평온 깃들게 하여도
멈추지 않는 공연 이어진다
바람 좋은 날의 화려함 사라졌지만
깃털 같은 미풍의 온화함 남아
하늘 공연 깊이 더 한다.

생존의 염원 있어

분노한 자연의 채찍질 가혹하여 광야의 울부짖음 그칠 날 없어도 생존의 질긴 염원 한시도 사그라지지 않아라.

카오스 속 던져진 존재로서 마주하는 상황 온몸으로 부딪힌 생존의 생채기 지층 속 화석에 고스란히 남았어라.

초신성 화려한 고별 불꽃 사라진 자리 아기별 태어나듯 생멸의 끝없는 윤회 이어져도 생존의 횃불 꺼지지 않아라.

굴하지 않는 생존의 욕구 마그마 같아 극한 상황 마주해도 변화의 물줄기 거스르지 않고 심저心底의 전언 귀 기울이노라.

서재 앉으면

무상으로 쏟아지는 햇살
가득한 서재 벽난로 지핀 듯하고
강기슭 닻 내린 나룻배
물결에 흔들리듯 고즈넉하여라

이중창 걸어 잠가 불협화음
담장 쌓은 서재 절집 찾은 듯하고
깊은 산속 터 잡은 방갈로
솔 향기 그윽하듯 안온하여라

철 따라 모습 달리하는 공원
내려다보이는 서재 앉으면
봇짐 베고 정자 누운 듯
근심도, 원망도 씻은 듯 사라져라.

석양길 나그네의 바람

못 가진 것의 결핍감 사로잡혀
가진 것의 누림 잃지 않고

물질 쌓기에 현혹되어
가치 있는 삶 외면하지 않고

육신의 안일에 빠져들어
정신적 수행 게으르지 않고

뜬 생각 씻어내지 못해
내 앞의 마주하는 삶 놓치지 않고

인연의 물결 따라 떠내려가며
한결같은 마음 변하지 않았으면.

석양길 라운딩

병풍처럼 둘러싼 깊은 산속
둥지 튼 듯 자리 잡은 골프장
보이지 않는 비밀병기 숨겨져
한 홀도 긴장의 끈 늦출 수 없어라

석양길 접어들어 만난 벗들
물 흐르듯 마음 통하여
자석에 끌리듯 어울리는 라운딩
일상의 번뇌 씻은 듯 사라져라

어느 한 날도 원하는 만큼
무결점 호쾌한 샷 없어도
자연에 동화된 공치기 몰입
이보다 더한 호사 있으랴?

선계에 노니는 듯

성에 낀 하늘 창 열어젖히고
참았던 순수의 눈물 쏟아낸
메마른 거리 서정 어린
설국의 정경 화폭에 담긴다

시린 겨울바람에 포박되어
말문 닫은 적막한 둘레길
새하얀 눈꽃 소담스레 피어나
동자승 웃음 퍼져라

발길 뜸한 소복소복 눈길
오르고 내리니 속세의 번뇌
흰 눈에 씻겨 사라지고
선계에 노니는 듯.

설해원에서

솟구쳐 오르는 붉은 해
가슴속 펌프질하게 하는 산책길
찾는 이 없는 호젓함에
생크림 녹아내리는 듯
남색 물결 뛰노는 해변
비행기 굉음 끊긴 시 오래되어
곧게 뻗은 외줄 활주로
잠자리 몇 마리 비행한다
숨겨진 낙원 샹그릴라
찾은 듯한 청정한 설해원
강물 같은 부부 함께하여
더없이 아름다운 날로 새겨지리.

성하盛夏의 산책

자연 차양 드리운 숲
대문 활짝 열어젖히고
더위 지친 이들 누구나
가리지 않고 맞이하며

햇빛과 숲 창과 방패 같아
작렬하는 햇빛 줄기찬 공성
빽빽한 녹음 빈틈없는 수성
저물녘까지 이어지고

초록 바다 풍덩 뛰어들면
한나절 무더위 뒷걸음치고
너른 바다 한 점 섬처럼
배롱나무 붉은 꽃 반겨준다

뜨겁게 달구어진 산책길
고행의 수도승 걷듯 하여도
사랑 노래 부르는 매미 벗 삼아
성하의 산책 끊이지 않아라.

세상

곳곳에 볼멘소리 터져 나와도
톱니바퀴 맞물려 돌아가는 세상
장승처럼 제자리 지키며
정해진 시간표 따라 흘러간다

외풍 잦을 날 없어도
칡넝쿨 얽힌 듯한 세상
바위처럼 흔들림 없이
주어진 역할 묵묵히 수행한다

기다림, 학의 목 같아도
발 닿는 곳마다 기울어진 세상
천칭처럼 균형 잡히길 바라며
비탈길 마다하지 않고 걸어간다.

셋방살이 민들레

손바닥만 한 가로수 터
셋방살이 민들레

넘보는 이 없는 척박한 땅 일구어
샛노란 꽃 피워 존재감 드러내고

벚꽃놀이 상춘객
무수한 발자국 생채기 내어도
시련의 담금질이라 인내하며

낮고 낮은 자세로 기도한다

꿈꿔온 세상 홀씨 되어
훨훨 날아갈 날을.

소녀 같은 할머니

번데기처럼 쭈그러들고
주름살 늘어났어도
뒤안길 접어들어
손녀 재롱 보는 할머니 되었어도
여성스러움 변하지 않아
남의 말 듣지 않으면서
자기 말은 왜 그렇게 많은지
시기와 질투심은 녹슬지 않고
놋그릇 닦듯 윤기 더 나는지
꾸민다고 돋보이는 것도 아닌데
외모에는 유별난 관심 보이는지
큰 것에는 신경 쓰지 않으면서
작은 것에는 짙은 애착 보이는지
할아버지, 자식들 돌보느라
어디 한 곳 성한 데 없어
연식 다한 자동차 같아도
마음은 언제나 소녀 같은 할머니.

손수레 애환

빈곤의 늪 헤어날 길 없어
등 굽은 할아버지, 할머니
매달리듯 손수레 끌며
생존의 폐지 찾아 골목골목 누빈다

눈먼 복지제도 넘쳐나도
외곽 지대 눈길 주지 않아
살얼음 낀 비탈길 오르내리며
커피 한 잔 값의 폐짓값 벌려 다닌다

번화가 네온 불빛 속 가려진
칙칙한 골목길 같은 외곽 지대
온정의 복지 혜택 와닿아
손수레 애환 걷어갔으면.

시골 장터

빛바랜 간판의 거슴츠레한 눈빛
한낮의 이글거림에 묻혀가는
흑백영화 세트장 같은 시골 장터
흙먼지 뒤덮인 신작로
산뜻하게 단장했어도
철 맞춰 찾아온 매미 소리 요란할 뿐
아이들 노는 소리 까마득하다
땅거미 지고 납덩이 적막 내려앉은
밤거리 시골 장터 가위눌린 듯
가는 숨소리마저 들리지 않고
잠 못 이루는 노인네 해소 기침 소리
가물거리는 촛불처럼 애잔하다.

신뢰 가는 벗

베란다 창밖 목련꽃
봄비에 꽃잎 떨궈 안쓰러웠는데
봇물 터트리듯 벚꽃 피어난 거리
백옥의 향연 펼쳐지고

암갈색 우수 깃든 공원
감춰둔 연분홍 한복 갈아입고
봄맞이 단장하는 콧노래 소리에
겨우내 닫힌 창 열어젖히고

날씨처럼 변덕스러운 인간 세상
말없이 지켜보는 자연
때 되면 꽃 피우고 잎새 드리우니
이보다 신뢰 가는 벗 있으랴?

악마의 손 넝쿨

둘레길 병든 야생
제 몸 돌볼 기력조차 없어
구원의 종 연신 흔들어댄다
고향 땅 지켜온 토박이
수양버들 빙 둘러
잡초 마을 옹기종기 자리 잡고
야생화 구색 갖춰
수채화 한 폭 같던 탄천 가
악마의 손 넝쿨 세포분열 하여
상생의 낙원 간 곳 없고
게걸스러운 정복자
승전고 소리만 가득하다.

양과 음의 교차점

엊그제 양복 입고 반긴 새해
한복 입고 설맞이 하니
양과 음의 교차점 1월 한 달
2년 사는 듯하여라
연로한 경주마 백발 날리며
가속 붙어 달려가는데
덤으로 1살 더 늘어나
세월의 무게 주체할 수 없지만
밤하늘별 섬광 되어 사라지듯
가야 할 길 정해져 있음에
1살 늘어난들 무슨 상관있으랴?

엄마 사랑

놀이에 빠져 조잘대던 외손녀
퇴근 시간 지나도 엄마 오지 않자
외할아버지, 엄마 왜 이리 안 와?
한번 물어보고 다시 놀이한다
한참이 지나도 엄마 오지 않자
외할아버지, 엄마 언제 와?
걱정하는 마음 묻어난다
외할아버지 정성 깃든 보살핌도
엄마 사랑 비하면 깃털 같은데
어릴 적 부모님께 맡겨진 자식들
엄마 보고 싶은 마음 오죽했으랴?

여느 소나무

벼랑에 기댄 홀로 소나무
사진 속 배경으로 빼어나지만
폭풍우 혼자 맞서는 모습
차마 바라보기 안쓰러워라
온갖 나무들 속 소나무
눈여겨보는 이 없어도
손닿는 이웃사촌 온기 나누어
푸른 자태 늘 그대로여라
가족들 기다리는 집으로 가는
소금기 절인 퇴근길 아버지
한 줄기 바람 솔 향기 그윽하여
시선 가는 곳 여느 소나무 서 있다.

여정의 음영

자연 조각가 비바람
긴 세월 틈틈이 찾은 터전
맴돌던 세파 뒷걸음쳐 가고
빛바랜 노을 그림 걸려있다

가물거리는 지난 회한
되돌려 바로 잡을 수 없고
그때는 그럴 수밖에 없었기에
여정의 음영으로 남기고

작아지는 기대만큼
소소한 행복 커지지만
세상 따라 옷 갈아입는 우리네 삶
작은 근심 없을 수 있으랴?

높은 벽 마주하면 돌아서 가고
비 오면 젖은 대로
바람 불면 흔들리는 대로
주어진 길 묵묵히 가면 될걸.

연줄 끊어진 인연

애틋한 정 마음에 남아
가슴속 아궁이 잔불 뒤적거려 봐도
꺼져가는 불씨 되살아날
옅은 기미마저 보이지 않아라
개울물 끊임없이 흘러가도
어제 흐른 물 오늘 물 아니기에
세월 따라 묵은 추억 잊힘
더없이 자연스럽지만
연줄 끊어진 인연 한번 날아가면
다시는 이어질 수 없기에
억지 부리듯 붙들어도
때 되면 잡은 손 뿌리치게 됨을.

열사의 땅

절정 향해 치닫는
한여름 타는 열기에도
검푸른 나무 넘치는 기상
하늘 닿을 듯

불판같이 날구어진 보도
걸어가는 행인들
참을 수 없는 뜨거움에
한 뼘 햇빛 가리개 미어지고

간간이 장맛비 뿌렸어도
한증막 습기 가득하여
녹음 드리운 숲길 걸어도
등줄기 타고 땀 고여라

석양 진 수평선 너머로
줄지어 걷어가는 낙타 떼
언뜻 보일 듯하다 사라지는
열사의 땅에 어둠이 찾아든다.

제 3부

옹달샘 같은 화수분

광활한 대지 타는 목마름에
거북 등 엉그름 가도
녹음 속 터 잡은 옹달샘
마르지 않는 생명수 솟아난다

기세 좋게 흐르는 강
때로는 범람하고 바닥 보여도
발길 뜸한 산속 똬리 튼 옹달샘
해 가고 달 가도 늘 그 모습이어라

밀물과 썰물 반복되는 우리네 삶
넘치지도 모자라지도 않는
옹달샘 같은 화수분 곁에 두면
가뭄도 홍수도 비껴가련만.

우산 쓰고 걷는 나

비 오는 날의 둘레길
야외 콘서트장 찾은 듯하다
막임 없는 자연 무대
빗방울 연주 열린다

스쳐 지나가늦 뿌린 빗줄기
타는 자연 원기 돋워줘
벌개미취, 죽단화, 꽃향유
때깔 더욱 영롱하다

우산 쓰고 걷는 나
빗방울 소리에 사뭇 빠져들어
나는 어디서 왔다 어디로 가는지
가만히 물어본다

아무런 대답이 없다.

우크라이나여 영원하여라

폐허로 변한 도시
폭격 맞은 건물 잔해 속
굴하지 않는 매의 눈빛 이글거린다
산산이 흩어진 가족 그리워
꺼내 본 가슴속 사진 한 장
평화롭던 날의 추억 물결 되어 스쳐간다
전쟁의 참상 유튜버로 전해져
온정의 손길 이어지고
철옹성 조국 수호 의지
허풍선 골리앗 무너뜨린다
전쟁터 부모 남기고 피난길 오른
7살 소녀 무반주 애국가 독창
전선 퍼져나가 눈물바다 이루고
불타는 투지에 기름 붓는다
우크라이나여!
다윗의 지혜로 끝까지 싸워 이겨
북극성같이 영원하여라

원석 같은 도전 의식

어느 먼 날의 기억
흑백 사진 속 움츠렸다
기지개 켜고 걸어 나오면
추억 열차 시간 되돌려 달린다

젊은 날의 표상
원석 같은 도전 의식
억수 비에도 타오르던 횃불
사그라져 석양빛 되었어라

생의 길목마다 새겨진
옹이진 도전 자취
빛바랜 훈장 되었어도
남은 여정 밀알 되리라.

원성

키 큰 나무
하늘 닿게 자라게 하고
키 작은 나무
땅 넓게 자라게 함이
섭리이련만
어설픈 목수 톱질
키 큰 나무 몸통 자르고
키 작은 나뭇가지 자르니
고을마다 커지는 원성.

이팝나무

초록 물감 뿌려놓은 대지에
때 이른 눈꽃 피어나
잊혀가는 순수의 노스텔지어
낙숫물 떨어지듯 스며들어라

무채색 거리 순백의 서정 깃들어
생기 잃은 일상 춤추게 하고
아스라한 어릴 적 순수성
부활의 종소리 울리게 하여라

인연 닿는 곳 어디에든
잔뿌리 내리고 꽃 피워
거리에 하얀 눈송이 흩날리는
정감 어린 순수 전도사여!

인내의 끈 놓을라

더위 지친 바람 찾지 않는
무풍지대 서재
냉매제 없는 선풍기 돌아도
내뿜는 건 더운 김
한 뼘 그늘 오아시스 같은
온천지대 거리
마스크 벗지 못하는 행인들
배어나는 숨 막힘
철조망 없는 수용소
언제 벗어날지 모르는데
불볕더위 기세 더해
행여나 인내의 끈 놓을라.

인연의 물결 따라

긴 밤 불 밝혀 온 촛불
새벽의 뒤척임에 그 빛
움츠러드는 듯한 생의 뒤안길
가고 오고, 잃고 얻음이
인연의 순환 과정임을
어슴푸레 깨닫게 되었어도
물 흐르듯 살지 못하여라
지나간 것은 지나간 대로
다가올 것은 다가오는 대로
인연의 물결 따라 가면 될 것을
뒤안길에서도 탐진치의 늪
헤어나지 못하는 것은
타고난 그릇 작음일런가?

인정 어린 나눔

손바닥 텃밭 정성껏 가꾸면
갖은 채소 넉넉하여
두루 나누어 줄 수 있지만
수평선 닿는 농장
거름 주고 김매는 수고하지 않으면
한 줌 푸성귀도 귀하여
혼자 먹기에도 부족하리
넘치는 물질 붙들고 있으면
무거운 짐 되어도
적은 물질 인정 어린 나눔
내게서 가족으로, 가족에서 이웃으로
행복의 코러스 퍼져나가리.

일몰의 공원

공원 귀퉁이 덩그러니 서 있는
운동기구에는 건강의 염원
게딱지 같이 눌어붙어 있다
세월의 압축기에 짓눌려
쭈그러진 고목들 안간힘 쓰며
생명의 잔불 지피고 있다
수맥 마른 갈대처럼
언제 올지 모르는 봄을 기다리며
메마른 일몰의 공원
수평선 너머로 스러지는 해를
애달프게 붙들고 있다.

임계점 닿아도

한여름의 도심 거리
용광로 지핀 듯한데
발길 끊긴 식당가
동토 인양 냉기 감돈다
참을 인忍 임계점 닿아도
암막 커튼 열리지 않고
희망의 샘 메말라만 간다
홍수에 제방 무너지듯 한
황폐해진 자영업
언제나 가브리엘 손길 뻗어
무거운 음영 걷어가려나.

있는 그대로 살면 되지

남에게 보이기보다
자신에게 떳떳하고

남에게 비교하기보다
스스로 만족스럽고

남에게 자랑하기보다
있는 그대로 살면 되지

겨울 해 서산 넘어가는데
덩굴 채 호박 굴러온들
달라짐이 있으랴?

자라목 된 놀이터

알싸한 바람 불어 자라목 된
이른 해 떨어진 놀이터
학원 돌이 아이들 찾지 못해
발길 끊긴 산사 같아라
덩그러니 매달린 그네 오른 외손녀
새되어 날며 깔깔대는 소리에
움츠린 놀이터 화색 돌고
건너편 성당의 주님
넌지시 굽어보시는 듯
언 손 비벼주며 솟아나는
외손녀 사랑 모닥불 피운 듯함을.

자연의 순리 따라

드나듦 빈번한 뜬 생각
명상의 조밀한 체 걸러져
앙금 가라앉은 마음의 거울
꾸밈없는 민낯 비친다
칠정이 뒤엉킨 마음자리
때론 엇박자 정 심술부려도
소나기 지나간 하늘 청명하듯
미혹 걷혀 더욱 해맑다
지구 축 기울어진 채
궤도 따라 운행하듯
마음자리 어긋날 때 있어도
자연의 순리 따라 걸어간다.

자유로운 새

새장 속 갇힌 새
밤마다 하늘 나는 꿈꾼다

쇼생크 탈출 그날을 위해
좁은 새장 하늘 삼아
쉼 없는 비행 연습한다

새장 속 길든 새들
날짐승 본능마저 잊고
안일의 늪 헤어나지 못하는데

선대의 기질 타고난 새
새장 문 열린 날
창공 향해 솟구쳐 오르며
목청 높여 소리 지른다

자유야!
나는 네가 있어 정말 좋다.

장맛비 내려

검게 탄 대지 흠뻑 젖어든다
사나흘 장맛비 내려

수맥 찾아 헤집고 들어가
잔뿌리 성한 곳 없는 나무
간절한 기도 하늘 닿았음이런가
넘치도록 굵은 비 내린다

흙탕물 흐르는 개울
백로 떠난 빈자리
오리 한 마리 자맥질한다
거센 물살 즐기는 듯

눈앞 언뜻
파전에 막걸리 어깨동무하고
보란 듯 스쳐 지나간다
숨 돌린 빗줄기 다시 기세지고.

절정 향해 치닫는 단풍

파스텔 색조 단풍길
사춘기적 감상에 젖은
느린 걸음 행인들
단풍빛으로 물들어 간다
불문율 따르듯 계절의 순환 따라
어김없이 열리는 단풍 전시회
넉넉한 자연의 은총 묻어난다
절정 향해 치닫는 단풍
곱게만 여겨지지 않음은
황혼 물든 나그네 투영됨 이런가?

절제 잃은 세상 소리

다양한 색깔의 뉴스 창
둑 터진 듯 쏟아지는 세상 소식
길손처럼 잠시 머물다가
쓰레기더미에 묻혀가고

설익은 과일처럼 풋내 나는 기사
빈 수레 가듯 소리 요란하다
꼬리 잘린 도마뱀 줄행랑치듯
허겁지겁 모습 감추고

오케스트라 불협화음 같은
순화되지 못한 언어의 파열음
맴돌다 흩어진 하늘에는
껍데기만 할 일 없이 떠돈다

절제 잃은 세상 소리
귀 먹고 실 순 없지만
벽면 수행 삼매경 젖은
달마 모습 떠오름은……

정지된 시간이여!

보이지 않는 담장 속
정지된 시간 넌더리 낸다
일상은 여느 때와
다름없이 흘러가는데

단절의 벽 속 갇힌 새
날갯짓 퍼덕이다 제물에 지쳐
냉기 서린 바닥 앉아 둘러봐도
손바닥만 한 창문마저 닫혀 있다

희뿌연 흙먼지 날리는 광야
야생마 내딛는 소리 커져도
망부석처럼 선 채 굳어 가는
닫힌 공간의 정지된 시간이여!

정해진 궤도 따라

타임머신 타고 되돌아간
육십 년대 동네 풍경
보존지역 인양 고스란히 남은
서울의 외곽지대
묵은 땟국 자국 씻어내고
공작새 날개 펼치듯
화려한 변신 꿈꾼다
용광로 쇳물 끓는듯한 세상
불확실의 짙은 그늘 드리워져도
정해진 궤도 거스르지 않고
때 되면 제 갈 길 찾아서 간다.

제주 이야기

외투 벗은 일상
주말의 가로수길 따라
거북 걸음 걷고
핏발 선 자동차 행렬 송파대로
연초록 잎새 군무 펼쳐져
경적마저 울리지 않아라
제주 이야기 흠뻑 빠져
마신 막걸리. 취기 돌아
바라본 보도에는 일상의 권태
느릿느릿 걸어간다.

제행무상

늘 그 모습 집채만 한 바위도
풍파 할퀸 자국 깊어져
해맑은 얼굴 간 곳 없는데
지천으로 널린 사물
변하지 않는 게 있으랴?
묵묵히 자리 지키는 자연
꽃 피고, 단풍 들고, 낙엽 져도
제행무상의 깨달음 체화되어
가부좌 튼 자리 미동조차 없어라
오름과 내림의 능선 이어지는
굴곡진 삶의 여정
달 가듯 가는 길손의 마음자리
유와 무도 분별없음을.

좌판 할머니

냉동고 대로변에는
벼랑에 매달린 할머니가
입질 않는 낚싯대를
넋 놓고 바라보고 있다
나무상자 좌판 위
소쿠리 속 양파와 감자는
구세군 종을 흔들고 있다
야위어 가는 종소리 속에
할머니 한숨 소리도 섞인다
삶의 무게 쇳덩이인 양
보도 위로 떨어지고
모이 쪼던 비둘기마저 날아간다.

주님 오셨네

주님을 찬양하는 캐럴
울리지 않아도 바람결에 복음 전하여
견고한 믿음 실금가지 않게 하시고

주님을 축복하는 크리스마스트리
화려하지 않아도 사랑의 손길 내밀어
간절한 소망 내 손 안에 들게 하시고

주님을 찾아오는 어린 양들
발길 뜸하여도 너그럽게 이해하여
넉넉한 은총 낮은 곳도 빠짐없이 살피시고

주님을 숭배하는 기도
게을러졌어도 내색하지 않고 미소 지으며
한량없는 사랑 온 누리 베푸심을.

주말의 편안함

매여보지 않고서는
풀림의 자유 느낄 수 없듯
굴레 씌워진 주중 있어
안식의 주말 고삐 풀려라

판박이 일상 이어지고
가슴 옥죄는 일 없어도
알람 벨 귀 기울여야 하는 주중
느슨한 태엽 감아야 함을

나날이 모습 달리하는
봄비 젖은 글샘 공원 갤러리
내려다보는 주말의 편안함
플롯 선율처럼 감미로워라.

차별 없는 사랑

햇살 가득한 남녘에도
그늘 드리운 북녘에도
촉촉이 내리는 봄비 같은
사랑의 손길 번졌으면

담장 높은 대갓집에도
찌그러져 가는 초가집에도
은은히 비추는 달빛 같은
사랑의 은총 내렸으면

모래바람 끊이지 않는
메마른 인간 세상
갈등의 장벽 무너져 내리고
차별 없는 사랑 가득하였으면.

찰나의 행운

잠실 대로변 샘 앞에는
밤하늘 유성처럼 스쳐 지나가는
찰나의 행운 좇아 모여든
목마른 자들의 긴 줄 이어진다

저울에 단 듯한 서울살이
발버둥 쳐도 벗어날 길 없어
포르투나의 손길 간절한
고된 삶 내몰린 이들 바람 전해진다

하늘 높이 솟은 빌딩들
부의 불빛 현란한데
보물 인양 복권 품고 집으로 가는
샐러리맨 발걸음 무거워라.

청심 깃들련만

비울 것도 채울 것도
없는 마음의 그릇에
소리 없이 흰 눈 쌓이듯
천리天理가 내려앉으면
눈앞의 안개 걷히고
해맑은 청심 깃들련만.

청정한 푸른 하늘

태고의 하늘 열린 듯
청옥 같은 푸르름 속
한점 타는 해 걸려
냉기 서린 대지 군불 지핀다

겹겹이 쌓인 미혹의 장막
걷어차고 아기 웃음 짓는
청정한 푸른 하늘
깨달음의 세계 이러한가?

강아지 뛰노는 공원
햇볕 쬐는 디오게네스
투영된 저편 소나무 몇 그루
하늘 닮아 싱그러움 더한다.

첼로 소리에 담긴 마음

소음에 묻히어 잊혀 가지만
꾸밈없는 아름다운 소리
모래바람 이는 메마른 감정
물안개 피어나게 한다

해맑은 아기 웃음소리
계곡물 흘러가는 소리
고즈넉한 산사의 풍경소리
찌든 영혼의 청량제

마음 지층에 퇴적된
지난날의 추억 되새겨주듯
봄비 적시듯 한 첼로 소리
노을빛 곱게 물들어 감은

서정 어린 첼로 소리에
CD 선물한 딸내미 마음
고스란히 담겼음이런가?

촉석루 올라

영남 제일 촉석루 올라
화첩 펼쳐 놓은 듯한
수려한 풍광 바라보노라니
몰려오는 왜군 향해 호령하던
불같은 김시민 장군의 충절
꽃다운 젊음, 조국에 바친
의암에 새겨진 논개의 절개
아지랑이처럼 남강 위 피어오른다
호남 곡창지대 길목 지킨
수문장 김시민 장군
백성과 하나 된 진주성 대첩
역사의 수훈으로 길이 남아
충절의 고장 진주 명성 드높여라.

타고난 기질 변치 않아

만화경같이 다채로운 세상
세파 따라 타고난 기질 바뀌어도
삭풍에 생채기 난 소나무
푸르름 변치 않음과 다를 바 있으랴?

급류 흐르듯 한 삶의 자리
원래 모습 간직하기 쉬워 라마는
온기 품은 정 살갑게 감싸 안아
철 따라 옷 바꿔 입는 자연 같아라

너와 나 얼싸안는 대면적 관계
빙하처럼 무너져 내렸어도
칠흑 같은 어둠 불 밝히는
고운 자태 세월 가도 변하지 않으리.

표백되었으면

곤히 잠든 세상 깨울까 봐
고양이 걸음 걸어와
황갈색 도심 공원
새하얀 솜이불 덮어주고

안식의 어둠 걷힐까 봐
등불 끄고 밤길 걸어와
마음 걸어 잠근 이들
빗장 열고 미소 짓게 하여라

조여오는 올가미 갇혀
빙판길 걷는 듯한 일상
흰 눈에 묻혀 사라지고
새하얗게 표백되었으면.

플라타너스

초록 차양 길게 드리운 듯
송이로 양편 가로수길 플라타너스
수호신 인양 터주대감 되어
오가는 차량 넌지시 지켜보고 있다

몸통만큼이나 녹음 짙어
대갓집 넉넉함 묻어나고
푸른 기상 플라타너스 보도
오솔길 찾은 듯 청량하여라

휘어진 가지마다 모진 풍파
스쳐 간 상흔 깊게 남았어도
미세먼지 찌든 거리 정화하는
에어클리너 플라타너스여!

한강

흐르는 역사 한강
어머니 품속 같은 물길 따라
끝 모를 대하소설 이어진다
한민족의 영광!
한민족의 수난!
심연에 오롯이 담고
그 모습 변치 않고 흘러간다
마르지 않는 젖줄 흐른 들녘
오곡백과 영글고
번영의 찬가 더 높다
광풍에도 꺼지지 않던
금자탑 한강의 기적
휴화산 분출하듯 하여라.

한결같은 양치기

샘물 마르지 않는 풀밭
어린양 한가로이 풀 뜯고 있다
눈감고도 갈 수 있는 비탈길
발목 시리도록 오르내린 양치기
늑대에게 물려가지 않을까?
돌부리에 걸려 넘어지지 않을까?
종일 파수꾼 되어 어린양 지켜본다
한결같은 양치기 보살핌
주님의 은총 깃들어
어린양 매임 없이 뛰놀고
온몸 가득 윤기 흐른다.

한여름 밤의 추억

일정한 톤 매미 울음소리
폭염에 무너진 생체리듬
균형점 찾아주는
평균율 되어주고

몸통만 남았던 버즘나무
잔가지 뻗고 너른 잎사귀 돋아나
줄지어 파라솔 펼친 듯
보도 위 그늘 드리워라

우물물 펌프질하여 등목하고
수박화채 한 그릇으로
무더위 날린 어린 시절 피서
에어컨 냉풍에 잊힌 이야기 되었어도

모깃불 피우고 평상에 누워
밤하늘 수놓던 별자리 바라보며
고사리손 모아 소원 빌던
한여름 밤의 추억 그리워라.

함박눈 내려

함박눈 발레 하듯 내리는 놀이터
설원 되어 동심 불러 모으고
들뜬 아이들 한밤의 눈 장난
놀이 욕구 분수 솟구치듯 하여라

함박눈 꽃잎 흩어지듯 내리는 거리
눈길 위 자동차 엉금걸음 걸어도
신명 난 강아지 눈밭 속 뛰놂
매인 구속 매듭 풀어지듯 하여라

동토의 백야 마주한 듯
어둠의 장벽 무너진 대낮 같은 밤
명주실 타래처럼 길기만 한데
동화 속 마을 함박눈에 묻혀가노라.

해바라기

한여름 태양 닮은 해바라기
가슴 졸이는 애틋한 사랑
샛노란 꽃잎에 가리고
숭배의 하늘 향해 기도한다
영화 속 명장면
우크라이나 평원의 해바라기밭
명화 속 백미
고흐의 화병 속 해바라기
감전된 듯 전율 일으킨다
딸내미 마음 오롯이 담아 온
해바라기 한 다발의 사랑
거실 가득 퍼져간다.

혹서의 피신처

마른하늘에 은갈치 떼
한마당 춤판 벌인다
현란한 춤사위 펼쳐진 하늘
은빛 광채 번득인다

쏟아져 내리는 불화살에
가림막 없는 대지
검게 탄 얼굴 주름살 늘어나고

실내 온도 낮아질수록
거리 온도 높아져
불가마 속 행인들 지쳐가고

녹음 짙은 공원 벤치
온돌방 앉은 듯해도
한줄기 산들바람 불어와
혹서의 피신처 되어준다.

혹한 경보 울려대

빙하기 도래한 듯
연신 혹한 경보 울려대
인적 끊긴 주말 거리
휑한 바람만 할 일 없이 지나간다

동장군 기세 맞서
방한복 무장한 둘레길 산책
온기 품은 햇살 가득하여
일기예보 우려 무색하여라

살얼음 낀 실개천 바라보니
꽁꽁 언 개울 놀이터 삼아
스케이트 타던 어린 시절
아지랑이처럼 피어올라라.

홀로서기 힘든 새들

둥지 갓 벗어난 새들
강풍 거센 여린 가지에 앉아
갈 곳 몰라 웅크리고 있다
먹구름 낀 하늘 장대비 부르는데

꿈꿔 온 드높은 창공
한껏 뽐내며 날갯짓하고파도
겹겹이 둘러싼 그물 가로막혀
냉가슴 앓는 새들 안쓰러워라

역사 속 잊힌 세대
족적足跡 남기고 싶지 않아
외줄 타듯 안간힘 써도
홀로서기 힘든 새들이여!

홀로서기

시간의 올가미 벗어나면
광야에 던져진 나와 직면한다

일 년은 짧고 하루는 길기에
시간 넘쳐나는 하루 심심하지 않으려면

혼자 밥 먹고, 걷고, 즐김이
쑥스럽고, 외롭게 여겨지지 않고
예사롭고, 편안하게 느껴지는
담금질 과정 거쳐야 한다

바다 위 외딴섬에도
갈매기 찾아와 쉬었다 가듯
고운 벗 맞이하여 회포 나누면
홀로서기 운치 더한다

더불어 살아가는 생이지만
종내終乃 홀로 가야 하기에
저물녘 노을빛에 물들며
늘 가는 길 무소 인양 혼자 걸어간다.

화단 한 귀퉁이 무궁화

대로변 화단 한 귀퉁이
눈여겨보는 이 없는
몇 그루 무궁화나무에 꽃 피었다

날 좋은 봄, 가을 마다하고
가혹한 시련 끊일 날 없는
한여름에 찾아온 무궁화
한민족 불굴의 기상 품은 듯

봄 나절 벚꽃의 화사함에
가을 나절 단풍의 고운 색에
줏대 없이 현혹되어
대갓집 행랑채 신세 되었어도

뙤약볕, 장맛비 담금질에도
꽃잎 떨구지 않는 고고한 무궁화
배달 민족 국화의 품위 지킴을.

화양연화花樣年華 언제런가

내 인생의 화양연화 언제런가?
계시처럼 들려오는 소리 60대로다
수수께끼 풀어가듯 그 이유 찾아본다

60대 자연인 되면
하기 싫어도 해야 하는 일
억지로 하지 않아도 되고
시간의 굴레 얽매인 영혼
자유로울 수 있고
이해관계 얽히고설킨 만남
이어가지 않아도 되고
무엇을 이루기 위해 애쓰지 않고
내면의 기쁨 위해 몰입할 수 있고
일상의 번뇌 벗어나
자연에 동화되어 살아갈 수 있다

화양연화 60대 끝자락 붙들고
70대 화양연화 거듭되길 꿈꾼다.
분에 넘친 욕심인가?

회귀

강물 거슬러 오른 연어 고향 찾듯
세월 빛바랜 인간 자연 찾아간다

대양 속 유영한 연어
고향 집 실개천 찾아가지만
온 세상 주유한 인간
생멸의 자연으로 돌아간다

자연 무대 서막 열면
무위의 공연 펼쳐지고
절정 향해 치닫다 여운 남기며
퇴색한 흔적 쫓아 회귀한다

연어나 인간이나
태어난 곳이 끝나는 곳임을.

회색 코뿔소 경고음

덤불 속 가려진 회색 코뿔소
양처럼 유순해 보이지만
클로즈업되어 다가올수록
그 기세 눈사태 일어난 듯하고

하늘 닿고 싶은 물욕
바벨탑처럼 무너져 내리고
거품 속 가려진 실체
헐벗은 나무 웅크리고 있는 듯하다

회색 코뿔소 경고음 커질수록
지구촌 앓는 소리 높아가고
롤러코스터 탄 빚더미 경제
추락의 끝 가늠할 수 없어라.

흔들림 없는 자연

엊그제 헐벗었던 홍매화
여린 가지마다 붉게 물들어
암갈색 겨울의 잔영 벗어던지고
봄 손님 찾아오는 길목 밝힌다

알려주는 이 없어도
자연의 알람 시계 어긋남 없어
긴 겨울 숨죽여온 새 움 틔우고
생동의 바스락거림 커진다

요지경 같은 세상
볼멘소리 끊일 날 없어도
한치 흔들림 없는 자연
늘 가는 길 곧바로 걸어간다.

흰 눈 쌓여 가는 무도장

가로등 불빛 조명 삼아
흰 눈 요정 발레 하는 탄천 가
엉킨 실타래 같은 갈대 마을
새하얀 솜털 속 묻혀간다
걸림 없는 유연한 춤사위
꿈길 같은 몽롱함 깃들어
취한 듯 내딛는 발자국
해묵은 기억처럼 흔적 없이 사라진다
흰 눈 소복이 쌓여 가는 무도장
순백의 깃발 신명 난 듯 휘날리고
세속의 어둠 하얗게 탈색된다.

흰 눈 쌓인 수용소

이맘쯤 불야성 밤거리
들뜬 열기로 가득하였는데
철조망 없는 수용소 흰 눈만 쌓인다
커피 향 잊혀가는 카페의 의자
도란도란 속삭임 듣고파서
거리두기 해제 손꼽아 기다린다
새벽녘 절집 같은 쇼핑몰
외투 걸친 마네킹마저
냉기 돌아 입술 파래진다
절망의 아우성 커져도
핏기 가신 흰 눈 쌓인 수용소
깊은 동면 깨어날 기색 없다.